团 体 标 准

智能建筑行业社会责任指南

Guidelines for Social Responsibility in the Intelligent Building Industry

TB/SIBCA 0401—2024

主编单位:上海市智能建筑建设协会
批准部门:上海市智能建筑建设协会
施行日期:2025 年 4 月 1 日

同济大学出版社

2025　上海

图书在版编目(CIP)数据

智能建筑行业社会责任指南 / 上海市智能建筑建设协会主编. --上海:同济大学出版社,2025. 4.

ISBN 978-7-5765-1576-3

Ⅰ. F426. 9-62

中国国家版本馆 CIP 数据核字第 2025QF1515 号

智能建筑行业社会责任指南

上海市智能建筑建设协会 **主编**

责任编辑 朱 勇

责任校对 徐逢乔

封面设计 陈益平

出版发行 同济大学出版社 www. tongjipress. com. cn

(地址:上海市四平路 1239 号 邮编: 200092 电话:021－65985622)

经 销 全国各地新华书店

印 刷 常熟市华顺印刷有限公司

开 本 889mm×1194mm 1/32

印 张 1. 5

字 数 38 000

版 次 2025 年 4 月第 1 版

印 次 2025 年 4 月第 1 次印刷

书 号 ISBN 978-7-5765-1576-3

定 价 30. 00 元

上海市智能建筑建设协会
SHANGHAI INTELLIGENT BUILDING CONSTRUCTION ASSOCIATION

上海市智能建筑建设协会关于发布《智能建筑行业社会责任指南》团体标准的公告

沪智建协〔2025〕001号

为深入贯彻落实国家建筑业高质量发展要求，引导行业规范化、可持续化发展，上海市智能建筑建设协会（SIBCA）依据《中华人民共和国标准化法》《团体标准管理规定》等法规，结合行业实际需求，现正式批准发布团体标准《智能建筑行业社会责任指南》（TB/SIBCA 0401-2024）。具体内容公告如下：

一、标准实施计划

自2025年3月1日发布，2025年4月1日起正式实施。

二、配套措施

培训宣贯：协会将联合参编单位开展专题培训，解读标准细则；

试点示范：遴选20家左右标杆企业开展首批试点评估；

动态修订：每三～五年结合技术发展及政策变化进行标准更新。

三、申报与咨询

申报流程：

企业可依据标准附录A《智能建筑行业社会责任评价方法》提交相关资料至秘书处审核，经评估后颁发相应证书。

联系方式：

地址：上海市静安区共和新路1301号A座2019室

电话：021-64082328

秘书长：陈勇 13162923138

秘书： 闵洁 13621968870 叶美元 13310033979

邮箱：shznxh@vip.163.com

上海市智能建筑建设协会

2025年3月1日

目　次

前　　言

本文件按照 GB/T 1.1—2020《标准化工作导则　第 1 部分：标准化文件的结构和起草规则》的规则起草。

请注意本文件的某些内容可能涉及专利。本文件的发布机构不承担识别专利的责任。

本文件由上海市智能建筑建设协会提出并归口。

本文件由上海市智能建筑建设协会组织实施。

本文件起草单位：上海市智能建筑建设协会、上海建筑设计研究院有限公司、上海现代建筑规划设计研究院有限公司、上海傲兰杰信息科技有限公司、中电科数字技术股份有限公司、上海金桥信息科技有限公司、上海延华智能科技（集团）股份有限公司、上海敏达网络科技有限公司、上海软杰智能设备有限公司、上海智信世创智能系统集成有限公司、上海狄卫科技有限公司。

本文件主要起草人：魏懿、陈军、陈勇、赵磊、陈迪康、田涛、黄慧玲、周成刚、陈达辉、刘英伟、闵子彦、姜兴海、徐宁璋、魏争、谢飞。

本文件为首次发布。

引　　言

智能建筑是智慧城市的重要组成部分，智能建筑因其宜居、低碳、智慧、人文等优点发挥着非常重要的作用。智能建筑企业作为社会一员，其决策和活动无时无刻不影响着社会和环境。对于具有社会责任感的企业而言，理应努力发挥其最大的积极影响，尽可能避免消极影响或使消极影响最小化。

在当今社会日益重视可持续发展的背景下，智能建筑行业对促进社会就业、拉动经济增长、推动绿色发展都具有十分重要的作用。努力成为对社会和环境负责任的企业，既是时代的要求，也是企业对自我社会价值的追求。

随着智能建筑行业步入数字化转型和发展的重要阶段，打通上下游、优化产业供应链已成为行业发展的关键。确定行业社会责任实践内容，统一综合能力绩效评价尤为重要。

智能建筑行业是一个较为特殊的行业，包含智能建筑的设计、产品、工程、服务以及相关活动等，价值链涉及智能建筑的设计咨询、产品制造/经销、建设实施和运营维护等企业。企业影响范围包括但不仅限于企业价值链上的企业关系，社会责任具有有别于其他行业企业的特征。

为促进智能建筑行业全面、协调、可持续发展以及对服务转型、技术创新、应用创新的积极引导作用，提升行业竞争力，引导智能建筑企业和其他相关组织科学、持续、系统地履行对经济、社会和环境的责任，特制定本文件。

本文件以中国法律、法规为规范基础，但本文件不增加或改变文件实施者的法律义务或责任。在任何情况下，智能建筑企业应首先满足适用的法律、法规的要求，并在法律、法规与本文件要求竞合的情况下使用其中更为严格的要求。

为了有助于智能建筑行业的企业有效开展社会责任实践，本文件就社会责任目标、社会责任原则、社会责任基本实践、社会责任核心主题和议题等提供了指南性意见和建议（表1）。

表1　智能建筑行业社会责任核心主题和议题

核心主题和议题	对应章节
核心主题：企业治理	6.1
议题1：战略制定	6.1.2
议题2：程序和制度	6.1.3
议题3：风险控制	6.1.4
议题4：沟通和披露	6.1.5
核心主题：员工权益	6.2
议题1：用工和规范	6.2.2
议题2：条件和保护	6.2.3
议题3：发展和培训	6.2.4
核心主题：公平运行	6.3
议题1：反腐败	6.3.2
议题2：公平竞争	6.3.3
议题3：价值链合作	6.3.4
议题4：知识产权	6.3.5
核心主题：环境保护	6.4
议题1：预防污染	6.4.2
议题2：资源利用	6.4.3
议题3：减缓并适应气候变化	6.4.4
核心主题：科技创新	6.5
议题1：技术创新	6.5.2
议题2：应用创新	6.5.3
议题3：服务创新	6.5.4
议题4：伦理守则	6.5.5

续表1

核心主题和议题	对应章节
核心主题:质量控制	6.6
议题1:设计咨询	6.6.2
议题2:产品制造/经销	6.6.3
议题3:建设实施	6.6.4
议题4:运营维护	6.6.5
核心主题:社会服务	6.7
议题1:社会贡献	6.7.2
议题2:社会公益	6.7.3

智能建筑行业社会责任指南

1 范围

本文件规定了智能建筑企业社会责任的总则、社会责任基本实践、社会责任核心主题和议题。

本文件给出了智能建筑行业在社会责任领域的共同认知和行动框架。

本文件适用于智能建筑行业的企业、事业单位及其供应方和分包方等(以下简称“企业”)。

本文件没有穷尽社会责任方面所有可能的要求,智能建筑企业可根据自身实际能力和发展需要适用更为严格的社会责任行为要求或者补充适用其他的社会责任行为要求。

2 规范性引用文件

下列文件中的内容通过文中的规范性引用而构成本文件必不可少的条款。其中,注日期的引用文件,仅该日期对应的版本适用于本文件;不注日期的引用文件,其最新版本(包括所有的修改单)适用于本文件。

GB/T 36000—2015　社会责任指南

GB 50314—2015　智能建筑设计标准

3 术语和定义

GB/T 36000—2015、GB 50314—2015 界定的以及下列术语和定义适用于本文件。

3.1

社会责任　social responsibility

企业通过透明和合乎道德的行为为其决策和活动对社会和

环境的影响而担当的责任。这些行为：

——致力于可持续发展，包括社会成员的健康和社会的福祉；

——考虑了利益相关方的期望；

——符合适用的法律，并与国际行为规范相一致；

——被融入整个企业并在企业关系中实施。

［来源：GB/T 36000—2015，3.16，有修改］

3.2

企业　enterprises

对责任、权限和关系做出安排并有明确目标，由人与设施结合而成的实体或团体。

［来源：GB/T 36000—2015，3.22，有修改］

3.3

环境　environment

企业运行所处自然环境，包括空气、水、土地、自然资源、植物、动物、人和太空及其相互之间的关系。

注：在此背景下，环境的外延已从企业内部扩展到了全球系统。

［来源：GB/T 36000—2015，3.3，有修改］

3.4

可持续发展　sustainable development

既满足当代人需求又不损害后代人满足其需求的能力的发展。

［来源：GB/T 36000—2015，3.11］

3.5

利益相关方　stakeholder

其利益可能会受到企业决策或活动影响的个人或团体。

［来源：GB/T 36000—2015，3.13，有修改］

3.6

国际行为规范　international norms of behaviour

源自国际习惯法和公认的国际法原则以及所有国家或绝大多数国家认可的政府间协议中，关于对社会负责任的企业行为的期望。

［来源：GB/T 36000—2015，3.7，有修改］

3.7

承担责任　accountability

企业能为其决策或活动接受其治理机构、监管机构乃至其利益相关方问责的状态。

［来源：GB/T 36000—2015，3.12，有修改］

3.8

企业治理　enterprises governance

企业为实现其目标而做出决策并予以实施的系统。

［来源：GB/T 36000—2015，3.24，有修改］

3.9

员工　employee

与企业通过劳动合同建立起劳动关系或存在事实劳动关系的个人。

［来源：GB/T 36000—2015，3.20，有修改］

3.10

智能建筑　intelligent building

以建筑物为平台，基于对各类智能化信息的综合应用，集架构、系统、应用、管理及优化组织于一体，具有感知、传输、记忆、推理、判断和决策的综合智慧能力，形成以人、建筑、环境互为协调的整合体，为人们提供安全、高效、便利及可持续发展功能环境的建筑。

［来源：GB 50314—2015，2.0.1］

3.11

智能建筑行业　intelligent building business

从事智能建筑建设相关设计、产品、工程、服务以及相关活动的行业。

3.12

智能建筑企业　intelligent building enterprises

依法自主经营、自负盈亏、独立核算，从事智能建筑相关设计咨询、产品制造/经销、建设实施和运营维护，具有法人资格的经济实体。

4 总则

4.1 社会责任目标

智能建筑企业社会责任建设的基本目标是以核心业务为依托，结合行业特性，持续提升社会责任意识和履责能力，增强企业内生竞争力与可持续发展能力，从而促进企业与社会的全面、协调、可持续发展。

4.2 社会责任原则

4.2.1 概述

智能建筑企业应遵循本章所述的社会责任原则、第6章针对各社会责任核心主题和议题的要求和附录A的要求。在确保自身稳健经营的基础上，企业应努力实现社会与经济效益的有机统一。

智能建筑企业宜充分考虑政治、法律、社会、环境、文化及自身多元化特征，以及经济条件差异，同时尊重国际行为规范。

4.2.2 承担责任

智能建筑企业应对其决策与活动在社会、经济和环境方面的影响承担相应责任，并接受监督、主动回应。除对受到影响的各方负责外，企业还应严格遵守相关法律法规，对法定监管部门负责。当出现偏差或错误时，企业应及时承认责任、采取补救与预防措施，避免类似问题再次发生。

4.2.3 增强透明度

智能建筑企业应以清晰、准确、完整的方式披露其政策、决策和活动，以及对社会、环境和利益相关方产生的实际与潜在影响。对于已受到企业重大影响的利益相关方，这些信息应便于直接获取、理解和使用。信息披露应及时、真实，并以清晰、客观的方式呈现，使利益相关方能准确评估企业决策和活动对其利益的影响。

注:本原则不要求公开专有或机密信息,或披露法律禁止、可能损害商业利益、危及企业安全及侵犯个人隐私的信息。

4.2.4 合乎道德的行为

智能建筑企业应以诚实、公平、正直的价值观为基础,确保其行为合乎道德。道德行为包括对人类和环境的关怀,遵循公认的道德准则,并对企业决策与活动对利益相关方利益造成的影响及时予以正当处理。

4.2.5 尊重利益相关方的利益

智能建筑企业应识别并确认利益相关方的合法权利与正当利益,尊重并充分考虑相关方的利益与需求。企业应评估利益相关方在沟通、参与和影响等方面的能力,并对其合理关切及时作出回应。

4.2.6 尊重法治

智能建筑企业应尊重法治的强制性,了解并严格遵守适用的法律法规,确保企业各项关系和活动符合法律要求。企业应明确相关法律义务,并告知内部成员需依法行事,同时采取必要措施确保合规性。

4.2.7 尊重国际行为规范

智能建筑企业在严格遵守本国法律法规的基础上,应同时尊重并遵循国际公认的行为规范。

4.2.8 尊重人权

智能建筑企业应尊重人权,认可其普遍性和重要性,并结合本国国情与行业特性,将各项人权视为相互依存、不可分割的整体。企业应推动经济、社会、文化权利与公民、政治权利的协调发展,促进个人与集体人权的平衡共进。

5 社会责任基本实践

5.1 概述

智能建筑企业的社会责任基本实践包括社会责任辨识和利

益相关方识别与参与。这两项实践贯穿企业社会责任建设的各个阶段，是企业承担社会责任的基础环节。

社会责任辨识不仅涉及识别由企业决策与活动引发的相关议题，也涵盖对受影响利益相关方的辨识，企业应尊重并充分考虑这些相关方的正当权益。同时，利益相关方的识别与参与是确保社会责任实践有效落地的关键步骤。

5.2 社会责任辨识

社会责任辨识是智能建筑企业承担社会责任的前提。企业应综合考虑自身、利益相关方与社会三者之间的关系，明确决策与活动对不同利益相关方、社会和环境的影响，了解社会对企业负责任行为的期望，并掌握利益相关方利益与社会期望之间的关联。

智能建筑企业应以社会责任通用基础标准和通用实践方法为技术基础。由于智能建筑行业的特殊性，包括智能建筑的设计、产品、工程、服务以及相关活动，且其价值链涵盖智能建筑的设计咨询、产品制造/经销、建设实施和运营维护等企业，企业影响范围已超越传统产业边界，因此社会责任特征不同于其他行业。

智能建筑行业的企业宜从以下七个核心主题辨识社会责任：

——企业治理；

——员工权益；

——公平运行；

——环境保护；

——科技创新；

——质量控制；

——社会服务。

企业应整体考虑上述核心主题及其相互依存关系。鉴于社会责任议题具有动态性，企业应关注社会、环境与经济关注点的演变，并据此适时调整相应实践。

5.3 利益相关方的识别和参与

5.3.1 识别利益相关方

利益相关方是指因智能建筑企业的决策或活动而受到利益影响，并与企业形成相应关联的群体或个人。尽管企业可能无法完整识别所有利益相关方，但应尽最大努力加以辨识。

利益相关方包括任何同时受企业决策与活动影响且能对企业决策与活动施加影响的利益群体。不同利益相关方的利益可能存在差异甚至冲突，企业应通过分析这些利益与可持续发展目标的相关性，确定其重要性。

智能建筑企业的利益相关方应至少包括以下方面：

——企业的设计、产品、工程、服务及相关活动的直接或间接服务用户；

——企业的设计、产品、工程、服务及相关活动的直接或间接供应方；

——企业对其负有法律、经济、运营或道德责任的对象、群体或个人；

——能影响企业或相关方战略及运营决策的集体或个人；

——智能建筑相关行业协会组织。

5.3.2 利益相关方参与

利益相关方参与是指智能建筑企业在决策或活动中，与一个或多个利益相关方开展对话，以为决策提供更充分的信息基础，从而更好地承担社会责任。通过利益相关方参与所确立的期望，应作为对已明确企业行为期望的有益补充，而非替代。

企业宜根据最相关的利益相关方参与情况，建立公正、合理、可行的参与流程。利益相关方参与形式可多样化，无论由企业主动发起或作为对相关方关切的回应，均可采取正式、非正式会议或其他多元形式。

通过利益相关方参与，企业可更深入了解决策与活动的影响及潜在风险，协调自身、相关方及社会整体期望之间的冲突，平衡相关方利益与对社会的责任，并提升决策与活动的透明度与公信力。同时，这一过程有助于企业与相关方建立互信伙伴关系，实现共赢。

在实施利益相关方参与时，企业应明确参与目的，识别相关方利益、确认企业与相关方关系的重要性，并评估相关方利益与可持续发展目标的关联度。在此基础上，科学设计和开展利益相关方参与活动。

6 社会责任核心主题和议题

6.1 企业治理

6.1.1 概述

企业治理是指为实现目标而制定与实施决策的系统，包括依据既定结构和程序的正式机制，以及与文化和价值观相关的非正式机制。有效的企业治理不仅构建内部决策框架，而且促进社会责任融入企业运作和利益相关方关系，为持续改进社会责任绩效提供基础。

企业应将社会责任理念融入治理体系和决策流程，并对活动影响承担责任。通过强化领导与监督，明晰权责分工，可提升治理效率与透明度。企业宜鼓励利益相关方参与，平衡诉求，在持续改进中提升社会责任绩效。

智能建筑企业在企业治理中应重点关注战略制定、程序和制度、风险控制、沟通和披露等方面。

6.1.2 战略制定

企业应围绕社会责任优先原则，结合行业特点，制定体现责任承诺的战略与目标。企业宜在相关战略中融入社会责任指标，也可单独设立责任规划，确保社会责任与经营发展相互促进。

企业可与利益相关方对话，识别责任议题，并合理配置资源分阶段实施。企业应运用科学评估衡量绩效，确保目标可落地、可测评。企业宜定期评估并调整社会责任规划，使其与环境与技术变革保持一致。

6.1.3 程序和制度

企业领导层应对社会责任的实施承担最终责任。企业应通过完善的程序和制度，确保决策执行的跟踪与评估，并高效利用财务、自然和人力资源，将社会责任原则融入日常运营。企业可通过多层级沟通和信息共享机制，定期复盘并优化实施效果。

企业应制定职业道德准则和行为守则，培育崇尚责任的文化氛围。企业宜建立内部激励机制，鼓励员工积极参与，并通过多种手段调动其积极性。企业可在关键岗位推行责任目标考核，确保社会责任理念在各层面得到贯彻。

6.1.4 风险控制

企业应将社会责任相关风险纳入整体管控体系，涵盖战略风险、运营风险、法律合规风险及声誉风险等。企业宜完善风险识别与分级机制，及时采取预防和化解措施，为业务的可持续运行与社会责任目标的实现提供安全保障。

企业可结合治理结构与制度安排，将风险控制责任明确到各职能部门，确保权责明晰、信息畅通。企业应通过制定风险应对预案、实施内部审计与外部监督等方式，动态监测风险变化并适时调整策略。企业宜加强数据分析与预警能力，定期检讨并优化风险管控流程，不断提升治理效率与透明度。

6.1.5 沟通和披露

企业应建立双向沟通机制，识别与利益相关方的共识与分歧，并积极协商解决潜在冲突，平衡企业与各方需求。企业可运用多渠道沟通，及时回应疑问，确保信息透明与互动。通过回访和舆情监测，企业宜不断优化沟通策略。

企业应建立信息披露机制，及时向利益相关方公开重大影响信息，并保证披露的清晰、准确与完整。企业可结合法律法规及自身需要，发布社会责任报告或运营公告等，展示绩效。企业宜关注公众理解与认知，不断提升透明度与公信力。

6.2 员工权益

6.2.1 概述

员工权益是指与企业存在劳动合同或事实劳动关系的个人依法享有的权利和利益。企业应依法规范用工，保障员工在生存与发展的基本权益，并重视提升员工生活水平和心理健康，实现员工与企业的共同成长。

企业在提供就业、支付劳动报酬的同时，应充分认识到员工的自主择业权和公平工作环境的重要性。企业应遵守相关法律法规，承担对员工权益的社会责任，通过合理的劳动条件与保障措施，营造安全、有尊严的工作环境。

智能建筑企业在员工权益中应重点关注用工和规范、条件和保护、发展和培训等方面。

6.2.2 用工和规范

企业应确保所有工作均由合法雇佣的人员完成，避免滥用非正式或临时劳动力，不得借用工制度规避法定义务。企业宜在涉及重大用工变化时，与工会或员工进行充分沟通并共同商议，维护员工合法权益和社会稳定。

企业应在劳动实践中杜绝直接或间接的歧视行为，不得实施随意性或歧视性解雇。企业可仅与合法劳动中介机构合作，并将工作发包或分包给具备责任意识和体面工作条件的合法企业，防止从不负责任的劳工实践中获益。企业应保护员工个人信息和隐私安全。

6.2.3 条件和保护

企业工作条件和劳动保护应符合法律法规或其他约束性文件要求，为员工提供自由、公正、安全、有尊严的工作环境。企业应尊重民族文化和宗教传统，宜采取灵活措施帮助员工平衡工作与生活。

企业支付的工资不得低于当地最低标准，不得非法限制或克扣员工工资，并应根据岗位或成果合理确定报酬。企业不得通过提高劳动强度规避加班费用，应依法履行各项社保义务，保障员工的法定工时、休假及带薪休假权利。

6.2.4　发展和培训

企业应为员工在其职业生涯各阶段提供技能开发、培训和实习机会，确保员工平等获取晋升通道。企业可在裁员时为受影响员工提供必要的帮助与支持，缓解就业冲击。

企业宜制定并实施健康与福祉计划，提高员工的身心健康水平。通过持续的学习与发展投入，企业可激发员工潜能，形成积极向上的组织氛围，进而提升整体竞争力与社会责任绩效。

6.3　公平运行

6.3.1　概述

公平运行是指企业在与政府机构、合作伙伴、供应商、承包商、用户、竞争者及行业协会等各方交往时所遵循的道德和合规行为。企业应利用与其他主体的互动关系，推动公平运行的积极成果，为社会责任的整体提升发挥作用。

企业应坚持合乎道德的行为原则，与不同组织建立正当、有效的合作关系。在公平运行的基础上，企业应反对腐败和欺诈，遵守公平竞争原则，尊重知识产权，完善合规管理，推动价值链中的各主体共同实现负责任的运营。

智能建筑企业在公平运行中应重点关注反腐败、公平竞争、价值链合作、知识产权等方面。

6.3.2　反腐败

企业应识别腐败风险，在采购、招投标等关键环节制定并落实预防腐败的政策与流程。企业应确保领导层发挥反腐败带头作用，并承诺有效落实反腐败方针。

企业宜通过健全的财务与审计制度以及合规体系培训，防范腐败风险。企业可积极参与反腐主管部门及行业发起的行动计划，提高承包商、供应商的反腐意识，并鼓励相关方采取类似的反腐措施。

6.3.3 公平竞争

企业应遵守有关竞争的法律法规，并在决策与运营中开展合规审核，防止垄断、价格操纵或其他不正当竞争行为。企业宜积极参与行业自律与联合行动，制定程序预防并处置垄断行为投诉。

企业可通过员工培训与企业文化建设，提升全员对公平竞争重要性的认识。企业应配合政府相关部门开展反垄断与反倾销调查，并可参与鼓励竞争的公共政策实施，营造公平、有序的市场环境。

6.3.4 价值链合作

企业应将社会责任条款纳入采购、分销和合同政策，在合作伙伴和承包商中提出责任要求，优先采购负责任企业的产品或服务。企业可适度开展尽职调查与监督，防止价值链任何环节违背其责任承诺。

企业宜在价值链中公平分配社会责任成本与收益，并提高各主体履行社会责任的能力。例如，通过确保合理价格与充足交付周期，稳定合作关系，实现更广泛的社会责任实践，共同推动可持续发展。

6.3.5 知识产权

企业应制定知识产权管理战略与运作机制，提升知识产权的创造、应用、保护能力，不得参与侵犯他人知识产权的活动。企业可通过内部培训与制度设计，倡导尊重专利、技术与商业秘密等合法权益。

企业宜尊重并保护他人知识产权，同时引导他人尊重自身的知识产权。在行使与保护知识产权时，企业应关注社会期望和基本人权需求，防止技术垄断与不当限制，推动知识成果合理共享与创新发展。

6.4 环境保护

6.4.1 概述

环境保护是指企业在设计、产品、工程、服务及相关活动全过程中，努力降低对气候、大气、水体、土地和生物多样性的负面影响。企业应遵守法律法规并承担相应责任，通过有效管理能源消耗、污染物排放和废弃物处理，为生态环境保护作出贡献。

企业应持续改进环境管理，在全生命周期内减少对自然资源的消耗与污染。企业宜加强内部环保意识与相关能力建设，推动可再生能源、绿色设计和低碳技术的应用。对于设计咨询、产品制造/经销、建设实施及运营维护环节，企业可根据自身特点逐步提升绿色化、低碳化水平，促进环境绩效不断优化。

智能建筑企业在环境保护中应重点关注预防污染、资源利用、减缓并适应气候变化等方面。

6.4.2 预防污染

企业应识别自身活动及服务对象的主要污染与废弃物来源，并量化、记录和报告排放及处置情况。企业应采取积极措施减少并妥善管理各类污染物及废弃物，通过工艺改进和技术升级，降低对环境的直接与间接影响。

企业宜公开使用和释放的重要有毒有害物质的种类和数量，通过透明化管理加强外部监督。企业可持续研发并推广环保型产品与服务，推动更广泛的污染防治与生态保护，提升产业链的绿色发展水平。

6.4.3 资源利用

企业应评估活动及服务对象对能源、水和其他资源的使用情况，并记录和报告用量。企业宜采用节能、节水设备和资源效率提升技术，促进能效标准的应用，减少对不可再生资源的依赖。

在可能条件下，企业可使用可持续、可再生和低环境影响的资源，尽量推广回收材料与再利用水。企业宜推动可持续采购，并考虑生产者责任延伸做法，促进资源循环利用与生态保护。

6.4.4 减缓并适应气候变化

企业应识别直接和间接的温室气体排放来源，量化并报告排放数据，并在控制范围内逐步减少温室气体排放。企业可通过技术改进与流程优化，鼓励供应链伙伴参与减排行动，共同应对气候变化带来的挑战。

企业宜评估主要能源使用类型与数量，制订提升能效的具体计划。在内部运营中，企业应优先采用高能效设备并探索清洁能源替代方案，同时研发或推广节能型产品和服务，兼顾经济效益与生态可持续性。

6.5 科技创新

6.5.1 概述

科技创新是指智能建筑企业为实现可持续发展，持续推进技术研发与应用，通过提升产品性能和运营效率，满足市场对智能化、绿色化和数字化建筑需求的过程。企业的科技创新不仅带来经济收益，也促进社会和环境效益的协同发展，为行业技术进步与社会可持续发展作出积极贡献。

在物联网、人工智能、大数据、云计算等新兴技术迅速发展的背景下，智能建筑面临新的机遇与挑战。企业应通过持续的技术研发和创新，抓住市场机遇，满足用户对高效节能、健康舒适和智慧运营的需求。同时，科技创新也是应对全球气候变化、资源短缺等问题的重要手段，具有深远的社会意义。

智能建筑企业在科技创新中应重点关注技术创新、应用创新、服务创新、伦理守则等方面。

6.5.2 技术创新

企业应不断推动技术创新，运用前沿技术提升产品和系统的智能化与自动化水平，并确保在性能、安全性、用户体验等方面保持竞争力。企业宜结合市场反馈和技术趋势，持续优化设计与功能，以满足多样化需求。

企业可深入研究不同建筑场景的智能需求，开发定制化智能解决方案。通过对可行性与有效性的验证，企业能将创新应用广泛落地，提高整体技术水平与竞争优势。企业应保持对研发的持续投入，适度与科研机构或高校合作，促进前沿技术的转化与应用。

6.5.3 应用创新

企业应以智能建筑为应用对象，在设计与施工全过程中积极引入新技术、新产品和新系统，增强建筑的智能化水平与综合性能。企业宜基于建筑功能与使用需求，创新应用场景与模式，进一步提升用户体验和可持续性。

企业可根据项目具体需求，灵活组合智能产品与系统，确保其兼容性与可扩展性。企业应制定明确的实施方案与技术规范，严格管控安装与调试，保证创新应用的质量与效益。通过全过程的持续优化，企业可推动智能应用与建筑整体协同发展。

6.5.4 服务创新

企业应探索与实施多元化的服务模式，满足客户对个性化和综合解决方案的需求。企业宜通过优化服务流程与引入先进技术，提高效率与精度，并提升对客户需求的响应速度与质量。

企业可为客户提供定制化服务与整体智能建筑解决方案，通过深入了解需求，量身定制服务方案，提升用户满意度与黏性。企业应建立有效的反馈机制，及时收集并处理客户意见，不断改进服务策略，形成持续升级的服务生态。

6.5.5 伦理守则

企业应在技术开发与应用中遵守相关伦理规范，避免侵犯个人隐私与基本人权。企业宜建立伦理审查机制，对技术的社会影响进行评估，确保合法性与道德性，并通过透明的流程和明确的责任分工，维护公众信任。

企业可制定严格的数据隐私政策，确保数据收集、存储与处理符合法律法规要求，并加强安全防护，防止数据泄露或滥用。企业应通过定期的伦理培训和指引，提升员工的道德意识与责任感，确保各项技术应用均符合伦理与合规要求。

6.6 质量控制

6.6.1 概述

质量控制是指智能建筑企业在设计咨询、产品制造/经销、建设实施和运营维护等全生命周期中，通过系统化的质量管理手段，确保符合预定标准与客户需求的关键过程。通过持续改进和严格管控，企业可有效提升运营生产效率、降低成本，并实现经济、社会和环境效益的协同发展。

企业应建立完善的全面质量管理体系，明确质量方针与目标，规范各项工作流程，实施严格的质量管控。持续改进是质量管理的重要组成部分，企业宜通过内部审查、外部评估与客户反馈等方式，不断优化质量体系，为智能建筑提供更高品质与可靠性的解决方案。

智能建筑企业在质量控制中应重点关注设计咨询、产品制造/经销、建设实施、运营维护等方面。

6.6.2 设计咨询

设计咨询企业肩负着将客户需求转化为高质量设计方案的重任。企业应遵守国家与行业设计标准，确保功能、安全、可持续与创新等方面的卓越表现。企业宜建立设计质量管理体系，明确流程与控制点，保障设计成果可追溯、可衡量。

企业可组建多学科、高水平的设计团队，通过定期培训和技术交流，掌握最新理念和工具，提高设计效率与准确度。企业应根据客户个性化需求进行方案迭代与优化，积极采用新技术与新材料，为智能化、绿色化建筑提供兼具前瞻性与实用性的解决方案。

6.6.3 产品制造/经销

产品制造/经销企业应对原材料采购、生产制造和成品检验实施全方位质量控制，确保产品符合国家和行业的技术、安全与环保标准。企业宜与优质供应商建立长期合作关系，严控来料质量，为整体产品质量打牢基础。

企业可采用先进的工艺与设备，并遵循标准化操作流程，减少人为误差与质量波动。通过自动化与智能制造技术的应用，企业可提升生产效率与质量一致性。企业应定期评估生产流程，针对缺陷进行改进，并加大研发投入以提升产品的智能化与绿色化水平。

6.6.4 建设实施

建设实施企业负责将设计方案落地为高质量的建筑成果。企业应建立完善的工程质量管理体系，对施工过程进行严格监督，确保每个环节符合国家、行业或地方标准。企业宜制订科学的施工计划与质量控制措施，防止出现工程质量缺陷。

企业可完善施工安全管理制度，定期开展培训，提高施工人员的安全与质量意识，降低事故与质量问题的发生率。通过优化资源配置和流程管理，企业能提高施工效率并按时交付工程。持续的质量管控与技术创新将助力企业在激烈的市场竞争中保持优势。

6.6.5 运营维护

运营维护企业应确保智能建筑系统在投入使用后持续稳定运行。企业宜建立完善的维护质量管理体系，制订定期保养与检查计划，预防性地排查风险，减少系统故障和停机时间。

企业可利用数字化手段进行故障监测与远程诊断，形成维护工作的完整记录与可追溯档案。企业应培养专业化的维护团队，持续更新技术知识与技能。通过提升服务质量与响应速度，企业可增强客户满意度和忠诚度，实现智能建筑系统的长期高效、稳定与可持续。

6.7 社会服务

6.7.1 概述

社会服务是指智能建筑行业企业在履行社会责任过程中，通过积极参与社会建设和发展，为社会创造多维度价值的各项活动和举措。企业应将社会服务纳入战略规划，结合自身资源优势，为社会提供智能化、便民化的综合服务与支持。

企业宜以人为本，关注社会实际需求，为文化、教育、环保等领域提供多层次、多形式的支持。企业可通过深度参与社区公益活动，丰富精神文化生活，提升企业凝聚力。同时，坚持合法合规与诚信守诺的原则，注重与社会各群体的良性互动，构建可持续的社会服务体系。

智能建筑企业在社会服务中应重点关注社会贡献、社会公益等方面。

6.7.2 社会贡献

企业应充分发挥专业优势，参与社会基础设施的智能化升级，提供安全、高效、便利的建筑环境，改善居民生活品质。企业可结合当地实际需求，通过技术支持、项目承接等方式，助力区域经济与社会发展。

企业宜履行社会带动作用，通过创造就业机会、支持中小企业发展和促进创业，推动社会经济多元化与可持续增长。企业可参与绿色建筑、节能减排等环保项目，为生态文明建设贡献力量，并组织公众环保活动，提高公众节能意识。

6.7.3 社会公益

企业应积极参与社会公益事业，通过捐赠、赞助等形式支持教育、医疗、文化等领域，帮助改善弱势群体生活条件，促进社会公平与进步。企业可鼓励员工成立志愿者团队，开展社区服务、扶贫救助、应急支援等公益活动，增强员工的社会责任感。

企业宜将公益理念融入企业文化，制定公益战略与规划并设立专门基金，以确保公益活动的持续性与影响力。企业可与政府、非营利组织及其他企业开展合作，凝聚多方资源，共同解决社会问题，推动社会可持续发展，实现企业价值与社会价值的双赢。

附录 A
（规范性）
智能建筑行业社会责任评价方法

A.1 评价范围

A.1.1 评价对象

本评价方法适用于智能建筑行业的企业对其社会责任实践情况进行系统化评估与改进，包括但不限于企业在企业治理（6.1）、员工权益（6.2）、公平运行（6.3）、环境保护（6.4）、科技创新（6.5）、质量控制（6.6）及社会服务（6.7）七大核心主题下的具体措施与绩效。

A.1.2 评价内容

本评价方法对各主题下的各小标题（如“6.1.1 概述”“6.1.2 战略制定”等）所对应的社会责任要求进行系统化测评。

本评价方法重点关注企业在社会责任战略、机制与制度建设、人员权益保障、合规及道德规范、环保与资源利用、科技创新、质量管理、社会公益等方面的履责表现。

A.1.3 适用主体

智能建筑行业企业（如智能建筑的设计咨询、产品制造/经销、建设实施和运营维护等企业）。行业协会或评估机构，可依本文件为企业出具社会责任评估或认证参考。政府和社会组织，也可采用本文件作为辅助参考，以了解企业的履责现状。

A.2 评价原则

A.2.1 合法合规原则

评价过程及内容须遵循现行法律法规及行业监管要求，保障企业独立经营权与合法权益。评估人员应避免超越规范范畴，确保评价行为与实体运营活动相符合。以合法合规为前提，维持行业秩序与社会公信力，并促进相关方对结果产生信赖。

A.2.2 客观公正原则

评价指标及评分方法需保持一致性与可验证性，避免个体偏见影响结果公正。应以客观事实与证据为基础，真实反映企业履责水平。鼓励采用多渠道信息采集，并通过内部或外部审查环节交叉验证，以提升评价的准确度与公信力。

A.2.3 系统全面原则

评价应覆盖本文件所述七大核心主题——企业治理、员工权益、公平运行、环境保护、科技创新、质量控制和社会服务。通过横向与纵向对比，全面识别企业优劣势，避免评价过于单一或片面，从而形成更具说服力和参考价值的整体评估。

A.2.4 循序渐进原则

本评价允许企业根据自身规模、经营模式和管理成熟度，逐步完善评价体系与数据采集方法。评估部门宜给予适度指导，帮助企业持续改进与升级。通过阶段性总结与改进闭环，强化企业社会责任意识与执行力，同时确保行业整体水平的逐步提升与健康发展。

A.2.5 公开透明原则

评价方法、结果及解释应在合理范围内向利益相关方公开，以确保信息披露透明度并便于外部监督或对比。建议企业定期发布评估成果或在适当场合进行说明。通过充分沟通与意见反馈，可助各方理解与认可评价结论，从而推动社会责任成果的进一步巩固与提升。

A.3 评价类型

A.3.1 评价方式

本评价方法结合所确立的七大核心主题及各层级条款特点，将社会责任实践评价划分为定量评价与定性评价两种方式。二者分别通过客观量化及主观判定，从不同侧面衡量企业履责水准，形成更为全面的评估视角。

A.3.1.1　定量评价

企业通过数据采集和数据统计获得数值，以 0 分～100 分进行量化，再依据“得分÷100×5”方式计算出最终五分制的客观评价结果。

通过此流程，可明确量化企业在某些关键指标上的实际表现，便于管理层与外部利益相关方快速对比与追踪。

A.3.1.2　定性评价

企业通过文本资料和问卷调查获得数值，可对该类定性材料予以 1 分～5 分的主观评判，采用 1 分～5 分（五分制）直接给出主观评价结果。

评分时，需综合考虑资料的完整度、逻辑性和执行成效，并结合访问或调查结果形成客观结论，从而有效反映企业在相关实践环节的落实与建设情况。

A.3.2　对应关系

本评价方法将定量评价与定性评价统一映射至五分制，以兼顾客观数据精确度与主观判断灵活性，使不同维度、不同项目可进行可比评估。企业与评估方得以在统一量表中综合呈现绩效，无论定量指标或定性意见皆可横向对比并整体分析，进而助力管理优化与决策完善。定量评价与定性评价对应关系请参见表 2。

表 2　定量评价与定性评价对应关系

分值（五分制）	定量评价对应区间	定性评价解释
1	0 分～19 分	基本无实践
2	20 分～39 分	有少量尝试
3	40 分～59 分	部分达成要求
4	60 分～79 分	大多数方面达标
5	80 分～100 分	成熟且全面落地

A.4 评价要求

A.4.1 指标与收集

A.4.1.1 明确指标

在正式开展评价前，评估小组或企业管理层应先制定一份覆盖各主题及其子项的指标清单，并对相关部门或人员予以公示。此举有助于明确责任分工，减少资料采集重复或遗漏，确保定量与定性需求均被充分识别。完整且透明的指标设计，可为后续对比和数据分析奠定坚实基础，也便于追踪各环节对社会责任要求的落实情况。

A.4.1.2 信息收集

本阶段分“定量数据采集”和“定性资料搜集”两条主线。定量部分通常来自财务、运营、人力、供应链、生产及环保等系统或台账，先转换为百分制，再按公式折算为五分制。定性部分涵盖制度文件、案例报告、外部认证及员工问卷等，由评估人员依据其完整度、逻辑性与实践效果进行综合判定。通过此双轨并行模式，可较全面地掌握企业在社会责任多个维度的履责表现。

A.4.2 质量与规范

质量与规范是确保评价过程顺利进行的前提。企业应在日常经营中保持数据记录的统一与连贯，如财务报表、生产进度、合规台账等须定期更新并妥善保存，以便后续查验。评估小组则依本文件要求，对所提交资料的准确性与一致性进行审核。若发现异常，应及时与企业沟通核实，确保最终信息真实可靠，从而维持评价结果的专业性与公信力。

A.4.3 评价依据要求

企业宜在日常管理中定期归档并更新相关信息，为后续评估提供客观依据。为确保评价结果具备可信度与可比性，本评价方法强调如下要求：

a）定量数据应源自可追溯的财务、生产或合规系统，必须完整、准确且无重大虚报；

b）定性评价所依赖的资料（制度文件、案例说明、外部报告、认证证书等）必须真实、有效，不得随意拼凑。

上述措施可有效提升评估工作的透明度与严谨度。

A.4.4 评分规范性

A.4.4.1 客观评分规范

对定量评价指标，企业应先在日常管理系统（财务、生产、人力、供应链、环保等）中记录数据，并按预设算法计算出百分制得分，再统一折算为五分制。为保证客观性，需确认数据的真实性和可追溯性，严防虚报或人为干扰。若在计算或数据源头发现异常，应及时复核并与责任部门沟通，确保评价结果准确反映企业实际绩效，便于各方对比与后续改进。

A.4.4.2 主观评分规范

对定性评价指标采用1分～5分打分时，应制定统一口径和示例说明（如"1分＝缺乏实践，5分＝完善落地"），并向内部评审组及外部专家明确解释。企业可先由内部评审组初步判分，再邀请主要利益相关方参考执行深度、效果呈现与持续改进等因素交叉审定。此流程能有效减少个人偏见或理解差异，提高结果客观性与可操作价值，并为改进方向提供针对性指导。

A.4.5 加权与调整

智能建筑建设协会将逐年评估各维度或指标对企业社会责任的关键影响，并在合并总分时赋予高权重以凸显其重要性。同时，也可在小标题下增设子指标，如将"6.1.5 沟通和披露"拆分为"信息披露及时度"和"利益相关方响应效率"等，再综合得分呈现整体表现。此种加权或细分方式既能突出重点领域的价值，也能使评估更具针对性与可操作性，为企业推进深层次优化提供精确指引。

A.5 评价内容

在明确了指标收集与评分规范后，现就本文件七大核心主题逐一列示评价维度与内容，以便企业和评估方在实操时对照执行。

A.5.1　企业治理

智能建筑行业企业的企业治理评价维度包括治理框架及健全程度、社会责任目标完成率、内部规程制定及执行、风险管控措施完成率、公开频次与反馈满意五个方面。社会责任企业治理评价内容及方法请参见表3。

表3　社会责任企业治理评价内容及方法

评价维度	评价性质	评价方法	具体评价内容/指标	对应条款
治理框架及健全程度	定性评价	文本资料/问卷调查	治理架构与决策程序；董事会/高管层社会责任最终责任	见6.1.1
社会责任目标完成率	定量评价	数据采集/数据统计	年度社会责任目标完成率；责任指标覆盖度	见6.1.2
内部规程制定及执行	定性评价	文本资料/问卷调查	社会责任制度清单覆盖度；制度更新频次及执行度	见6.1.3
风险管控措施完成率	定量评价	数据采集/数据统计	风险识别清单更新及时率；重大风险防控措施落实率	见6.1.4
公开频次与反馈满意	定性评价	文本资料/问卷调查	信息披露频次；利益相关方对透明度满意度	见6.1.5

A.5.2　员工权益

智能建筑行业企业的员工权益评价维度包括员工权益基本保障度、用工合规管理达标率、安全生产管理达标率、员工能力建设达标率四个方面。社会责任员工权益评价内容及方法请参见表4。

表4　社会责任员工权益评价内容及方法

评价维度	评价性质	评价方法	具体评价内容/指标	对应条款
员工权益基本保障度	定性评价	文本资料/问卷调查	员工合法权益保障；公平工作环境与尊重	见6.2.1

续表4

评价维度	评价性质	评价方法	具体评价内容/指标	对应条款
用工合规管理达标率	定量评价	数据采集/数据统计	劳动合同签订率；用工合规保障率	见 6.2.2
安全生产管理达标率	定量评价	数据采集/数据统计	安全生产管理达标率；劳动保护及加班费保障覆盖率	见 6.2.3
员工能力建设达标率	定量评价	数据采集/数据统计	培训参与覆盖率；培训支出占人力成本比重	见 6.2.4

A.5.3 公平运行

智能建筑行业企业的公平运行评价维度包括诚信合规公平经营度、反腐合规管理达标率、不正当处罚与通报率、供应商责任签署比率、知识产权合规保障率五个方面。社会责任公平运行评价内容及方法请参见表5。

表5 社会责任公平运行评价内容及方法

评价维度	评价性质	评价方法	具体评价内容/指标	对应条款
诚信合规公平经营度	定性评价	文本资料/问卷调查	诚信经营与合规；与各方公平互动	见 6.3.1
反腐合规管理达标率	定量评价	数据采集/数据统计	财务敏感科目合规审计覆盖率；腐败举报查实处置率	见 6.3.2
不正当处罚与通报率	定性评价	文本资料/问卷调查	公平竞争制度完备度；是否有不正当竞争处罚/通报	见 6.3.3
供应商责任签署比率	定性评价	文本资料/问卷调查	供应链社会责任条款签署；供应商/承包商责任承诺与配合度	见 6.3.4
知识产权合规保障率	定量评价	数据采集/数据统计	知识产权纠纷处置完成率；专利及商标申请增长率	见 6.3.5

A.5.4 环境保护

智能建筑行业企业的环境保护评价维度包括法规符合与环境守法、污染治理绩效达标率、资源利用效率达标率、碳排双控目标达成率四个方面。社会责任环境保护评价内容及方法请参见表6。

表6 社会责任环境保护评价内容及方法

评价维度	评价性质	评价方法	具体评价内容/指标	对应条款
法规符合与环境守法	定性评价	文本资料/问卷调查	基本环保方针;符合环保法规要求	见6.4.1
污染治理绩效达标率	定量评价	数据采集/数据统计	污染物排放达标率;有毒有害物质安全处置达成率	见6.4.2
资源利用效率达标率	定量评价	数据采集/数据统计	单位产值能耗下降率;可再生资源使用覆盖率	见6.4.3
碳排双控目标达成率	定量评价	数据采集/数据统计	温室气体排放合规覆盖率;碳减排目标达成率	见6.4.4

A.5.5 科技创新

智能建筑行业企业的科技创新评价维度包括创新规划与行业贡献、创新研发绩效达标率、项目案例与效果评分、定制方案与客户评价、隐私保护合规保障率五个方面。社会责任科技创新评价内容及方法请参见表7。

表7 社会责任科技创新评价内容及方法

评价维度	评价性质	评价方法	具体评价内容/指标	对应条款
创新规划与行业贡献	定性评价	文本资料/问卷调查	创新规划与目标;对行业技术进步的贡献	见6.5.1
创新研发绩效达标率	定量评价	数据采集/数据统计	研发费用占营业收入比重;新专利或新技术转化覆盖率	见6.5.2
项目案例与效果评分	定性评价	文本资料/问卷调查	智能化技术应用案例;创新落地成效主观评分	见6.5.3
定制方案与客户评价	定性评价	文本资料/问卷调查	定制化服务方案数量;客户对服务创新的评价	见6.5.4
隐私保护合规保障率	定量评价	数据采集/数据统计	数据隐私保护覆盖率;伦理合规事件处置完成率	见6.5.5

A.5.6 质量控制

智能建筑行业企业的质量控制评价维度包括质量方针与管控理念、方案符合与变更记录、产品质量综合达标率、工程质量整改达标率、设备运行管理达标率五个方面。社会责任质量控制评价内容及方法请参见表8。

表8 社会责任质量控制评价内容及方法

评价维度	评价性质	评价方法	具体评价内容/指标	对应条款
质量方针与管控理念	定性评价	文本资料/问卷调查	质量方针与目标;全面质量管理意识	见6.6.1
方案符合与变更记录	定性评价	文本资料/问卷调查	设计符合国家/行业标准;设计变更与纠正情况	见6.6.2
产品质量综合达标率	定量评价	数据采集/数据统计	产品一次检验合格率;不合格返工改善率	见6.6.3
工程质量整改达标率	定量评价	数据采集/数据统计	工程验收一次通过率;缺陷整改按时完成率	见6.6.4
设备运行管理达标率	定量评价	数据采集/数据统计	设备运行管理合规覆盖率;维修响应及时达标率	见6.6.5

A.5.7 社会服务

智能建筑行业企业的社会服务评价维度包括社会服务规划布局度、社会服务贡献达标率、捐赠投入与志愿参与三个方面。社会责任社会服务评价内容及方法请参见表9。

表9 社会责任社会服务评价内容及方法

评价维度	评价性质	评价方法	具体评价内容/指标	对应条款
社会服务规划布局度	定性评价	文本资料/问卷调查	社会服务理念与规划;与社区/社会互动机制	见6.7.1
社会服务贡献达标率	定量评价	数据采集/数据统计	公共基础设施或智能化项目完成率;新增就业支持覆盖率	见6.7.2

续表9

评价维度	评价性质	评价方法	具体评价内容/指标	对应条款
捐赠投入与志愿参与	定性评价	文本资料/问卷调查	公益投入与项目透明度；员工志愿者活动及社区满意度	见6.7.3

A.6 评价汇总

A.6.1 汇总加权

将各小标题的五分制得分记录，按各级主题维度加权，形成一级主题最终分数。社会责任评价维度权重及范围请参见表10。

表10 社会责任评价维度权重及范围

一级主题	一级主题维度内权重	二级主题	二级主题维度内权重	设计咨询企业	产品制造/经销企业	建设实施企业	运营维护企业
企业治理	20%	基本要求	30%	√	√	√	√
		战略制定	20%	√	√	√	√
		程序和制度	20%	√	√	√	√
		风险控制	20%	√	√	√	√
		沟通和披露	10%	√	√	√	√
员工权益	15%	基本要求	30%	√	√	√	√
		用工和规范	25%	√	√	√	√
		条件和保护	25%	√	√	√	√
		发展和培训	20%	√	√	√	√
公平运行	15%	基本要求	30%	√	√	√	√
		反腐败	20%	√	√	√	√
		公平竞争	20%	√	√	√	√
		价值链合作	20%	√	√	√	√
		知识产权	10%	√	√	√	√

续表10

一级主题	一级主题维度内权重	二级主题	二级主题维度内权重	设计咨询企业	产品制造/经销企业	建设实施企业	运营维护企业
环境保护	15%	基本要求	30%	√	√	√	√
		预防污染	20%	√	√	√	√
		资源利用	20%	√	√	√	√
		减缓并适应气候变化	30%	√	√	√	√
科技创新	15%	基本要求	30%	√	√	√	√
		技术创新	40%	10%	30%	10%	10%
		应用创新	40%	30%	10%	30%	30%
		服务创新	20%	√	√	√	√
		伦理守则	10%	√	√	√	√
质量控制	15%	基本要求	50%	√	√	√	√
		设计咨询	50%	√	—	—	—
		产品制造/经销	50%	—	√	—	—
		建设实施	50%	—	—	√	—
		运营维护	50%	—	—	—	√
社会服务	5%	基本要求	40%	√	√	√	√
		社会贡献	30%	√	√	√	√
		社会公益	30%	√	√	√	√

注:"√"表示适用,"—"表示不适用或无需打分。

举例来说,若某企业在 6.1.1 指标上得分 4 分,且该指标权重为 20%,则加权计分=4×20%=0.8,最终与其他指标的加权计分合并后,形成该主题的总分。

A.6.2 等级说明

为便于企业与评估方对社会责任表现进行整体判定,本评价方法设立"卓越、良好、合格、有待提升"四大等级,并在行业或内部沟通中直观呈现各单位履责水平。该分级既能协助识别优势与短板，又利于后续对比、资源投放与管理决策，并鼓励企业不断优化与创新实践。社会责任评分范围及其对应等级请参见表11。

表11　社会责任评分范围及其对应等级

评分范围	对应等级
4.50～5.00	卓越
3.50～4.49	良好
2.50～3.49	合格
＜2.50	有待提升

A.7　评价解释

A.7.1　结果解释

在最终评估报告中，建议分别列示各主题或维度得分，并简要说明优势、不足及改进建议。若对外公开，可突出最佳实践案例，为同行树立示范标杆并展示企业实力。如仅用于内部改进，可列明整改方向及时间表，确保相关措施得以有效落实。

该信息呈现方式便于利益相关方全面了解企业履责状况，也为决策层提供针对性管理依据。结合评分结果与简要评述，企业可明确改进重点和资源投放策略。通过定期复盘与持续优化，不仅能稳步提升社会责任绩效，也能为企业创造更大价值与市场认可。

A.7.2　评价周期与改进

本评价应至少每年开展1次全面评估，以动态跟踪企业履行社会责任的进展情况。必要时，可结合行业形势或政策要求，根据需求适度增加评估频次，包括季度检查、专项评估或突发事件评估等情形，增强对突发合规风险、突发责任事件的管理措施，以更及时地捕捉改进机会。

企业可将评价结果纳入绩效考核体系，或在年度总结会上进行通报，以提升全员对社会责任的关注度。通过结果分享与改进实施，进一步强化企业内部沟通和学习机制，确保评估成果转化为管理优化与责任实践。此举将持续夯实责任意识，推动智能建筑行业可持续经营与社会价值共赢。

A.8 服务应用

A.8.1 评价服务

为统一智能建筑行业社会责任评估，上海市智能建筑建设协会与评估机构应依托信息化平台提供评价服务，并通过操作指南、线上线下培训等方式，帮助企业掌握数据填报、指标内涵与评分规则，确保信息采集的完整性与准确性，进一步提升整体评估质量并持续推进社会责任实践。

A.8.2 评价应用

上海市智能建筑建设协会将依据评价结果，对表现优异的企业实施表彰措施，包括授予荣誉称号、举办示范交流活动等，以彰显其在社会责任领域的突出成效，并为其他企业提供实践范例。通过宣传优秀案例，旨在强化行业责任意识，激励更多企业完善责任管理、提升核心竞争力与可持续发展水平。同时，通过树立标杆和营造良性竞争氛围，引导各方不断优化运营与治理，共同推动智能建筑行业高质量、可持续发展。

为进一步推动行业整体提升与外部监督，上海市智能建筑建设协会将建立评估结果公示平台，针对自愿公开的企业，在平台上展示其社会责任得分、优秀案例与改进措施，供行业内外查询与对标。此举不仅有助于完善社会监督，也能为潜在合作方及投资方提供参考。同时，上海市智能建筑建设协会将定期发布行业履责报告或论坛交流，展示先进实践与典型经验，鼓励更多企业参与评估并持续改进。

A.8.3 应用拓展

上海市智能建筑建设协会将积极推动评价结果纳入企业能

力认证依据，以增强企业在项目拓展、融资合作等方面的信誉度，并促进行业环境更加透明与公正。取得良好评价的企业可相应拓展社会信任基础，便于与相关方深化合作并形成互利生态。该举措同时能在行业内部形成“优胜劣汰”的竞争效应，带动更多企业完善管理体系、强化社会责任实践，进一步深化责任理念。

上海市智能建筑建设协会将推动在政府采购或项目招标环节应用评估结果，对社会责任履行成效突出的企业给予优先考量，从而提升智能建筑项目的品质与透明度，彰显积极的社会责任导向。随着政策引导及多方响应，整个智能建筑行业将更加注重可持续发展并逐步实现良性循环，为公共利益与行业效益带来双重提升。通过该举措，企业形象、项目质量与社会信赖均将同步增强，为行业营造更稳固的市场环境和良好发展前景。

参考文献

[1] ISO 26000:2010　社会责任指南

[2] ISO 31000　风险管理体系

[3] ISO/IWA 26：2017　在管理体系中使用 ISO 26000：2010

[4] ISO/IWA 48：2024　环境、社会和治理(ESG)原则实施框架

[5] GB/T 19001—2016　质量管理体系要求

[6] GB/T 19011—2018　管理体系审核指南

[7] GB/T 24001—2016　环境管理体系　要求及使用指南

[8] GB/T 24353—2022　风险管理　指南

[9] GB/T 27921—2023/IEC 31010:2019　风险管理　风险评估技术

[10] GB/T 28001—2011　职业健康安全管理系统　要求

[11] GB/T 31950—2023　企业诚信管理体系　要求

[12] GB/T 34061.1—2017　知识管理体系　第 1 部分：指南

[13] GB/T 35770—2022　合规管理体系要求

[14] GB/T 36001—2015　社会责任报告编写指南

[15] GB/T 36002—2015　社会责任绩效分类指引

[16] GB/T 39604—2020　社会责任管理体系　要求及使用指南

[17] GB/T 39653—2020 在管理体系中使用 GB/T 36000

[18]《变革我们的世界：2030 年可持续发展议程》，联合国，2015.

[19]《可持续发展报告指南(GRI G4)》全球报告倡议组织,2016.

[20]《中共中央　国务院关于促进民营经济发展壮大的意见》,中共中央　国务院,2023-07-14.

[21]《关于中央企业履行社会责任的指导意见》,国务院国有资产监督管理委员会(国资发研究〔2008〕1号),2007-12-29.

[22]《中国工业企业社会责任指南(2015)》,中国工业经济联合会,2015.

[23]《上海证券交易所上市公司环境信息披露指引》,上海证券交易所,2008-05-14.

[24]《深圳证券交易所上市公司社会责任指引》,深圳证券交易所,2006-09-25.

[25]《中华人民共和国个人信息保护法》,第十三届全国人民代表大会常务委员会第三十次会议通过,2021-08-20.